Phedre

Fables de Phèdre...

Tome 2

P. Diclot l'Aîné

1806

FABLES
DE PHEDRE,
AFFRANCHI D'AUGUSTE.

TOME SECOND.

Se vend à Paris,

Chez P. Didot l'aîné, rue du Pont de Lodi;
Ant.-Aug. Renouard, rue S.-André-des-Arcs;
F. Gay, rue de la Harpe, bureau de la Bible;
Langlois, passage S.-Roch, n° 35.

FABLES

DE PHEDRE,

AFFRANCHI D'AUGUSTE,

TRADUITES EN FRANÇAIS, AVEC LE TEXTE A CÒTÉ,
ET ORNÉES DE GRAVURES.

TOME SECOND.

PARIS,

DE L'IMPRIMERIE DE P. DIDOT L'AINÉ.

M. DCCCVI.

FABLES

DE PHEDRE.

FABLES
DE PHEDRE,
AFFRANCHI D'AUGUSTE.

~~~~~~~~

LIVRE QUATRIEME.

PRÉFACE.

CET ouvrage vous paroîtra gaî ; et véritable-
ment, lorsque je n'ai pas d'affaires majeures, je
m'amuse avec ma plume. Mais si vous pesez
sérieusement ces plaisanteries, que vous y trou-
verez d'utilité ! Les choses ne sont pas toujours ce
qu'elles paroissent ; leur premier aspect trompe
la multitude. Un esprit sage verra aisément ce que
j'ai caché dans ces fictions. Pour que l'on ne
soupçonne point vaines mes paroles, j'ajouterai
ici la fable de la Belette et des Souris.

PHAEDRI,

AUGUSTI LIBERTI,

FABULAE AESOPICAE.

~~~~~~~~

LIBER QUARTUS.

PRAEFATIO.

Joculare tibi videtur, et sanè leve,
Dum nil habemus majus, calamo ludimus :
Sed diligenter intuere has nænias.
Quantùm sub his utilitatis reperies!
Non semper ea sunt quæ videntur; decipit
Frons prima multos; rara mens intelligit,
Quod interiore condidit cura angulo.
Hoc ne locutus sine mercede existimer,
Fabellam adjiciam de Mustelà et Muribus.

FABLE I.

LA BELETTE ET LES SOURIS.

Le rusé sait éviter le piege.

UNE Belette, à qui l'âge avoit fait perdre son agilité, ne pouvant plus attraper les Souris plus vives qu'elle, se couvrit de farine, et se blotit dans un endroit sombre. Une Souris croyant faire régal sauta dessus; mais elle trouva la mort: une seconde, une troisieme vinrent, et périrent également; d'autres les suivirent, et eurent le même sort. Il en vint une enfin, qui avoit souvent échappé aux souricieres et aux lacs, — « Qui que tu sois, dit-elle appercevant le piege de son ennemie: qui es couché là-bas, porte-toi aussi bien que tu es farine. »

FABULA I.

MUSTELA ET MURES.

Astutus astu non capitur.

Mustela, quum, annis et senectâ debilis,
Mures veloces non valeret adsequi,
Involvit se farinâ, et obscuro loco
Abjecit negligenter. Mus, escam putans,
Adsiluit, et compressus occubuit neci;
Alter similiter, deinde periit tertius.
Aliquot secutis, venit et retorridus,
Qui sæpè laqueos et muscipula effugerat;
Proculque insidias cernens hostis callidi:
Sic valeas, inquit, ut farina es, quæ jaces.

II.

LE RENARD ET LES RAISINS.

Le glorieux méprise ce qu'il ne peut obtenir.

Un Renard affamé convoitoit une grappe de raisin qui pendoit à un cep très élevé. Il se mit à sauter de toutes ses forces pour l'atteindre ; mais il ne put y toucher. Il se retira en disant : « Elle n'est pas mûre encore ; et je ne veux point la cueillir verte. »

Ceux qui affectent du mépris pour les objets qui leur échappent doivent s'appliquer cette fable.

II.

VULPIS ET UVA.

Spernit superbus quæ nequit adsequi.

Fame coacta Vulpis altâ in vineâ
Uvam adpetebat, summis saliens viribus:
Quam tangere ut non potuit, discedens ait :
Nundum matura est, nolo acerbam sumere.

Qui, facere quæ non possunt, verbis elevant,
Adscribere hoc debebunt exemplum sibi.

III.

LE CHEVAL ET LE SANGLIER.

Il arrive toujours mal à celui qui se venge.

Un Sanglier en se vautrant avoit troublé l'eau d'un gué où un Cheval alloit ordinairement boire; cela fit une querelle entre eux. Le Cheval irrité implora le secours de l'homme : il le plaça sur son dos, et retourna vers son ennemi. On rapporte que le cavalier, après avoir percé de traits l'animal aux longues défenses, parla ainsi à celui qu'il avoit vengé : — «Je me réjouis d'avoir écouté ta priere et d'être venu à ton secours; car j'ai fait un bon butin, et je connois de quelle utilité tu me seras». Aussitôt il le contraignit de prendre le mors. — «Malheureux que je suis, dit le Cheval affligé, j'ai trouvé la servitude en cherchant à me venger de peu de chose. »

Cette fable prouve qu'on doit souffrir une injure plutôt que de se mettre, pour se venger, dans la dépendance d'autrui.

III.

EQUUS ET APER.

Vindictæ cupidus sibi malum arcessit.

Equus sedare solitus quò fuerat sitim,
Dum sese Aper volutat, turbavit vadum :
Hinc orta lis est. Sonipes, iratus fero,
Auxilium petiit hominis, quem dorso levans,
Rediit ad hostem. Jactis hunc telis eques
Postquam interfecit, sic locutus traditur :
Lætor tulisse auxilium me precibus tuis,
Nam prædam cepi, et didici quàm sis utilis.
Atque ita coëgit frenos invitum pati.
Tum mæstus ille : Parvæ vindictam rei
Dum quæro demens, servitutem repperi !

Hæc iracundos admonebit fabula,
Impunè potius lædi, quàm dedi alteri.

IV.

L'AUTEUR.

Ne comptons point, mais jugeons les hommes.

J'APPRENDRAI à la postérité par ce court
récit que souvent il y a plus de sagacité dans un
seul homme que dans un grand nombre réuni.

Un homme à sa mort laissa trois filles : l'une, de
belle figure, attiroit les amants par ses regards ;
l'autre, très sobre, passoit sa vie aux champs, et
s'occupoit à filer ; la troisieme, fort laide, aimoit
les festins. Le pere institua sa femme son héri-
tiere, à la charge de distribuer son bien à ses trois
filles de maniere que chacune ne pût ni posséder
la portion qu'elle auroit reçue, ni en jouir ; et
qu'aussitôt qu'elles n'auroient plus le lot qui leur
seroit échu, elles donneroient cent sesterces à
leur mere.

Ce testament fit du bruit dans Athenes. La
mere consulta les gens de loi ; mais la décision
les embarrassoit : ils ne comprenoient pas comment ces filles ne posséderoient pas ce qui leur
seroit donné, et n'en retireroient aucun profit,
ni comment, ne jouissant point de leur héritage,

IV.

POETA.

Homines non numerandi, sed ponderandi.

Plus esse in uno sæpè, quàm in turbâ, boni,
Narratione posteris tradam brevi.

Quidam decedens tres reliquit filias;
Unam formosam, et oculis venantem viros;
At alteram lanificam, frugi, et rusticam;
Devotam vino tertiam, et turpissimam.
Harum autem matrem fecit hæredem senex
Sub conditione, totam ut fortunam tribus
Aequaliter distribuat, sed tali modo,
Ne data possideant, aut fruantur; tùm simul
Habere res desierint, quas acceperint,
Centena matri conferant sestertia.
Athenas rumor implet. Mater sedula
Jurisperitos consulit: nemo expedit
Quo pacto non possideant quod fuerit datum,
Fructumve capiant; deinde, quæ tulerint nihil,
Quânam ratione conferant pecuniam.

elles pourroient payer à leur mere la somme dé-signée.

Un temps très long se passa, et personne n'a-voit encore pu expliquer le sens de cette sin-guliere disposition. La mere, sans avoir égard aux intentions de son mari, procéda d'une maniere qui lui parut équitable. Elle destina pour la coquette les eunuques, les valets, les habits, les usteusiles en argent qui servoient à la toilette et aux bains; à la méuagere, les terres, les bestiaux, la maison des champs, les journaliers, et les instruments aratoi-res; enfin à la troisieme des magasins remplis de vins vieux, une jolie maison, et des jardius agréables.

Comme elle se disposoit à ce partage que le peuple approuvoit, Esope parut au milieu de la foule, et s'écria : « Si le pere, qui repose dans la tombe, éprouvoit encore quelque sentiment, quel seroit son chagrin de voir que les Athéniens ne peuvent interpréter ses dernieres volontés! » On le pria de dire son avis; il démontra l'erreur où chacun étoit. «Donnez, dit-il, la maison, les jar-dins, et les vins vieux à celle des trois filles qui aime le travail et les champs; les beaux habits, les bijoux, les valets, à celle qui aime la bonne chere; et à celle qui est galante, les champs, les vignes, les troupeaux, et les bergers. Aucune ne gardera des objets si peu conformes à son goût. La laide vendra les ornemeuts précieux pour se

Postquam consumpta est temporis longi mora,
Nec testamenti potuit sensus colligi,
Fidem advocavit, jure neglecto, parens:
Seponit mœchæ vestem, mundum muliebrem,
Lavationem argenteam, eunuchos, glabros:
Lanificæ agellos, pecora, villam, operarios,
Boves, jumenta, et instrumentum rusticum:
Potrici plenam antiquis apothecam cadis,
Domum politam, et delicatos hortulos.

   Sic destinata dare quum vellet singulis,
Et adprobaret populus qui illas noverat;
Aesopus mediâ subitò in turbâ constitit:
O, si maneret condito sensus patri,
Quàm graviter ferret quòd voluntatem suam
Interpretari non potuissent Attici!
Rogatus deindè, solvit errorem omnium.
Domum et ornamenta, cum venustis hortulis,
Et vina vetera, date lanificæ rusticæ.
Vestem, uniones, pedisequos, et cetera,
Illi adsignate vitam quæ luxu trahit.
Agros, villas, et pecora cum pastoribus,
Donate mœchæ. Nulla poterit perpeti
Ut moribus quid teneat alienum suis.
Deformis cultum vendet, ut vinum paret;
Agros abjiciet mœcha, ut ornatum paret;

procurer du vin; la libertine vendra ses terres
pour acheter de quoi se parer; celle qui aime les
champs cédera à vil prix la maison de délices qui
lui sera inutile; de sorte que, ne possédant rien de
ce qui leur aura été donné, ces filles paieront à
leur mere la somme portée au testament avec le
produit de la vente qu'elles auront faite. »

Ainsi un seul homme, par la pénétration de
son esprit, expliqua ce qu'une multitude n'a-
voit pu concevoir.

At illa gaudens pecore, et lanæ dedita,
Quâcumque summâ tradet luxuriæ domum.
Sic nulla possidebit quod fuerit datum,
Et dictam matri conferent pecuniam
Ex pretio rerum quas vendiderint singulæ.

Ita, quod multorum fugit imprudentiam,
Unius hominis repperit solertia.

V.

COMBAT DES BELETTES ET DES SOURIS.

*Les hautes montagnes sont souvent frappées
de la foudre.*

Le peuple souriquois, vaincu par l'armée des
Belettes (cette bataille est peinte sur les murs des
tavernes), se sauva précipitamment vers ses
étroites demeures : il y rentra non sans peine ; mais
enfin il échappa à la mort dont il étoit menacé.
Les chefs, pour rallier par un signe visible les sol-
dats pendant l'action, avoient mis sur leur tête
des panaches ; ils se trouverent par-là arrêtés à
l'entrée de leurs trous, et tomberent au pouvoir
de l'ennemi. Le vainqueur les immola entre ses
dents avides ; et son insatiable ventre fut pour ces
malheureux le Tartare où il les précipita.

Quand il arrive quelque évènement funeste dans
un état, les grands sont plus exposés au danger ;
le petit peuple s'en garantit plus aisément.

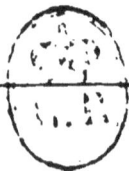

V.

PUGNA MURIUM ET MUSTELARUM.

Feriunt summos fulmina montes.

Quum victi Mures Mustelarum exercitu
(Historia quorum in tabernis pingitur)
Fugerent, et arctos circum trepidarent cavos ;
Aegre recepti, tamen evaserunt necem.
Duces eorum, qui capitibus cornua
Suis ligàrant, ut conspicuum in prœlio
Haberent signum, quod sequerentur milites,
Hæsere in portis, suntque capti ab hostibus;
Quos immolatos victor avidis dentibus
Capacis alvi mersit tartareo specu.

Quemcumque populum tristis eventus premit,
Periclitatur magnitudo principum,
Minuta plebes facili præsidio latet.

VI.

L'AUTEUR.

Un sot ne trouve bon que ce qu'il a imaginé.

Toi, qui juges mes écrits avec tant de finesse, et qui sembles dédaigner ces amusements, ne perds point patience; soutiens encore un moment la lecture de mon livre : pour calmer ton humeur, je vais te présenter Esope avec le cothurne.

Plût aux dieux qu'en Thessalie la hache eût respecté les pins qui croissent sur le mont Pélion; que Pallas n'eût point conseillé à Argus de construire un vaisseau pour courir les mers, et braver tous les périls, et la mort même. C'est le premier vaisseau qui, cinglant vers une mer perfide, ouvrit, pour le malheur des Grecs et des Barbares, une route qui leur devint fatale. Cette navigation fut la cause des malheurs du superbe AEtès, et des malheurs de Pelias, dont les états furent détruits par les crimes de Médée. Cette femme, ingénieuse à satisfaire ses cruelles vengeances, pour favoriser sa fuite, dispersa sur sa

VI.

POETA.

Stultus, nisi quod ipse facit, nihil rectum
putat.

Tu qui nasutè scripta destringis mea,
Et hoc jocorum legere fastidis genus,
Parvâ libellum sustine patientiâ,
Severitatem frontis dum placo tuæ,
Et in cothurnis prodit Aesopus novis.

Utinam nec unquam Pelii nemoris jugo
Pinus bipenni concidisset Thessalâ,
Nec ad professæ mortis audacem viam
Fabricasset Argus opere Palladio ratem,
Inhospitalis prima quæ ponti sinus
Patefecit, in perniciem Graiùm et Barbarùm !
Namque et superbi luget Aëtæ domus,
Et regna Peliæ scelere Medeæ jacent:
Quæ sævum ingenium variis involvens modis,
Illic per artus fratris explicuit fugam,
Hìc cæde patris Peliadum infecit manus.

route les membres de son frere; et, bientôt après, trompant les filles de Pelias, elle leur fit commettre un parricide.

Que penses-tu de ce récit? il intéresse peu, dis-tu, et sur-tout il n'est pas exact; car long-temps avant Minos avoit envoyé une flotte dans les détroits de la mer Égée, et avoit puni la violence par une vengeance aussi juste qu'exemplaire.

Que puis-je donc faire pour toi, lecteur sévere, si tu ne t'amuses ni des fables, ni des sujets héroïques? Ménage un peu ceux qui cultivent les lettres, dans la crainte qu'ils ne te donnent plus de peine que tu ne pourrois leur en faire.

Ceci s'adresse aux censeurs ignorants qui, pour paroître avoir du goût, critiquent les meilleurs ouvrages.

Falsòque dictum; longè quia vetustior
Aegea Minos classe perdomuit freta,
Justoque vindicavit exemplo impetum .
Quid ergo possum facere tibi, lector Cato,
Si nec fabellæ te juvant, nec fabulæ?
Noli molestus esse omnino litteris,
Majorem exhibeant ne tibi molestiam.

Hoc illis dictum est, qui stultitiam nauseant,
Et, ut putentur sapere, coelum vituperant.

NOTE SUR LA FABLE VI.

Pour faciliter l'intelligence de cette fable aux personnes peu familieres avec la connoissance des temps héroïques, nous donnerons ici un court extrait sur Jason et Médée.

Jason, fils d'AEson, roi d'Iolchos, peu de temps après sa naissance fut porté secrètement sur le mont Pélion, dans l'antre du centaure Chiron, qui l'éleva jusqu'à l'âge de vingt ans. Revenu dans le sein de sa famille, il apprit qu'OEtès, roi de Colchide, avoit fait périr Phrixus, son parent. Pour venger cette mort, Jason résolut de conquérir la toison d'or. Cette toison, à la conservation de laquelle les oracles avoient attaché la fortune d'OEtès et le sort de son royaume, étoit gardée dans un champ consacré au dieu Mars par un dragon et des taureaux qui jetoient du feu par les naseaux. Jason, suivi par plusieurs princes de la Grece, s'embarqua sur le vaisseau Argo, et arriva en Colchide. La jeunesse et la beauté du héros séduisirent Médée, qui, par le secours de son art, fit sortir son amant vainqueur des périls auxquels cette entreprise l'exposoit lui et ses compagnons.

Possesseur de cette fameuse toison d'or, Jason quitta Colchos, emmenant avec lui Médée et son frere Absyrthe. OEtès courut sur leurs pas; mais

pour ralentir la poursuite de son pere, Médée
égorgea le jeune Absyrthe, et dispersa ses membres sur le chemin. Ils revinrent enfin à Iolchos,
où régnoit le frere de Jason, Pélias, qui avoit dé-
trôné AEson. Chargée par le chef des argonautes
de la vengeance de ce crime, Médée s'insinua dans
la confiance de ses nieces, et leur persuada que si
elles mettoient en pieces Pélias, elle le rajeuni-
roit par ses enchantements. Abusées par ces pro-
messes, ces filles trop crédules massacrerent leur
pere, que Médée ne rappela point à la vie.

La concorde n'est point durable entre les méchants. Jason, après quelque temps, oublia et ses
serments et les services que lui avoit rendus son
épouse : il la répudia pour prendre Créuse. Médée
s'en vengea en poignardant les deux enfants qu'elle
avoit eus de Jason. Celui-ci mena depuis une vie
errante et malheureuse : il se tua de désespoir.
Quelques auteurs prétendent qu'endormis auprès
du navire sur lequel il avoit été en Colchide, une
solive s'en détacha, et l'écrasa par sa chûte.

Il semble que dans cette fable Phedre ait voulu
se moquer d'Ennius, qui, dans sa tragédie de
Médée, fait venir les crimes de cette magicienne
et les malheurs des Grecs de ce qu'on avoit abattu
quelques pins dans une forêt de Thessalie : ce
qui se réduit, comme le remarque un critique,
à faire dire à une nourrice : « Plût aux dieux que
« Médée ne fût jamais sortie de son pays ! »

VII.

LA VIPERE ET LA LIME.

Le médisant entend souvent un plus médisant
que lui.

Celui qui attaque par des discours envenimés
quelqu'un qui sait mieux médire peut se recon-
noître ici.

Une Vipere entra dans la boutique d'un serru-
rier. Comme elle cherchoit quelque chose à manger, elle mordit une lime; celle-ci résistant aux
efforts du reptile: « Que tu es sotte, lui dit-elle,
« de croire me blesser avec tes dents, moi qui
« ronge ordinairement toute espece de fer. »

VII.

VIPERA ET LIMA.

Maledico maledicens pejus, audiet.

Moɴᴅᴀᴄɪoʀᴇᴍ qui improbo dente adpetit,
Hoc argumento se describi sentiat.

In officinam fabri venit Vipera.
Hæc quum tentaret si qua res esset cibi,
Limam momordit. Illa contrà contumax :
Quid me, inquit, stulta, dente captas lædere
Omne adsuevi ferrum quæ corrodere?

3.

VIII.

LE RENARD ET LE BOUC.

Les méchants perdent les autres pour se sauver.

QUAND un homme rusé apperçoit un danger, il cherche a s'en garantir, quelque mal qui doive en arriver aux autres.

Un Renard étoit tombé dans un puits, et n'en pouvoit sortir à cause de l'élévation des bords; un Bouc altéré vint au même endroit, et demanda si l'eau étoit bonne et abondante. Le Renard, pour le faire tomber dans le piege, lui répondit : « Des-» cends, ami; l'eau est si bonne que je n'en peux « boire assez ». L'animal barbu descendit. Le Renard sortit du puits en montant sur les cornes du Bouc, qui resta au fond fort embarrassé.

VIII.

VULPIS ET HIRCUS.

Improbi, ne pereant, perdunt.

Homo, in periclum simul ac venit, callidus
Reperire effugium alterius quærit malo.

Quum decidisset Vulpis in puteum inscia,
Et altiore clauderetur margine;
Devenit Hircus sitiens in eumdem locum,
Simul rogavit esset an dulcis liquor
Et copiosus. Illa, fraudem moliens:
Descende, amice; tanta bonitas est aquæ,
Voluptas ut satiari non possit mea.
Immisit se barbatus. Tum Vulpecula
Evasit puteo, nixa celsis cornibus,
Hircumque clauso liquit hærentem vado.

IX.

LA BESACE.

L'amour-propre nous aveugle.

Jupiter nous a donné une besace : il a rempli la poche de derriere de nos défauts, et il a mis ceux des autres dans la poche de devant.

De sorte qu'aveuglés sur nous-mêmes, nous censurons sévèrement les fautes d'autrui.

IX.

PERA.

Fallit quemque cæcus amor sui.

PERAs imposuit Juppiter nobis duas:
Propriis repletam vitiis post tergum dedit,
Alienis ante pectus suspendit gravem.

Hâc re videre nostra mala non possumus;
Alii simul delinquunt, censores sumus.

X.

Un scélérat n'échappe point à la punition.

Un Voleur, après avoir allumé sa lampe à l'autel
de Jupiter, le pilla à la clarté de sa propre lumiere.
Au moment que ce sacrilege se retiroit chargé de
butin, la divinité fit entendre ces paroles : «Quoique
« les offrandes que tu enleves ne me soient point
« agréables, parcequ'elles m'ont été faites par des
« méchants, tu seras néanmoins puni de ton cri-
« me quand le jour de ta mort sera venu. Mais
« afin que le feu qui brûle sur nos autels, et par
« lequel les hommes honorent la majesté des
« dieux, n'éclaire plus le crime, je défends que
« désormais l'on y vienne emprunter de la lu-
« miere ». Depuis ce temps il n'est plus permis
d'allumer une lampe au feu sacré, ni d'allumer
ce feu avec une lampe.

Celui qui a inventé cette fable peut seul bien expliquer les instructions qu'elle renferme. Elle nous
apprend d'abord que ceux que nous avons com-
blés de bienfaits deviennent souvent nos ennemis ;

X.

FUR ARAM COMPILANS.

Scelestum non deserit pœna.

Lucernam Fur accendit ex arâ Jovis,
Ipsumque compilavit ad lumen suum.
Onustus qui sacrilegio quum discederet,
Repentè vocem sancta misit Religio :
Malorum quamvis ista fuerint munera,
Mihique invisa, ut non offendar subripi ;
Tamen, sceleste, spiritu culpam lues,
Olim quum adscriptus venerit pœnæ dies.
Sed ne ignis noster facinori præluceat,
Per quem verendos excolit pietas deos,
Veto esse tale luminis commercium.
Ita hodie, nec lucernam de flammâ deûm,
Nec de lucernâ fas est accendi sacrum.

Quot res contineat hoc argumentum utiles,
Non explicabit alius quam qui repperit.
Significat primò, sæpè, quos ipse alueris,
Tibi inveniri maximè contrarios.

elle nous fait voir en second lieu que les crimes sont punis dans le temps marqué par les Destïns, et non par la colere des Dieux ; et enfin elle avertit les gens de bien de s'abstenir de toute relation avec les méchants.

Secundò ostendit, scelera, non irâ deùm,
Fatorum dicto sed puniri tempore.
Novissimè interdicit ne cum malefico
Usum bonus consociet ullius rei.

XI.

MERCULE ET PLUTUS.

Les richesses sont la source des vices.

Le sage méprise les richesses parceque souvent elles sont un obstacle à la vertu.

Hercule fut admis dans l'Olympe à cause de ses grandes actions : après avoir salué les Dieux qui l'en félicitoient, Plutus, fils de la Fortune, vint à son tour ; mais Hercule détourna les yeux. Jupiter lui en demanda la cause. — « Je le hais, « répoudit le nouveau Dieu, parcequ'il favorise « les méchants, et qu'il corrompt tout par l'ap- « pât du gain qu'il offre. »

XI.

HERCULES ET PLUTUS.

Opes irritamenta malorum.

Opes invisæ meritò sunt forti viro,
Quia dives arca veram laudem intercipit.

Cœlo receptus propter virtutem Hercules,
Quum gratulantes persalutasset deos,
Veniente Pluto, qui Fortunæ est filius,
Avertit oculos. Causam quæsivit pater:
Odi, inquit, illum, qui malis amicus est,
Simulque objecto cuncta corrumpit lucro.

XII.

LE LION RÉGNANT.

La sincérité est digne de louange.

Rien n'est plus utile qu'un langage vrai : quoique cette maxime soit généralement reconnue, la franchise est quelquefois pernicieuse.

Le Lion s'étant fait roi des animaux, voulut acquérir la réputation de prince équitable : il renonça à ses anciennes habitudes, devint sobre, et rendit la justice avec intégrité.

La concorde étoit établie ; mais cette paix précieuse et rare fut détruite par la cruauté d'un roi qui avoit fait un jeûne austere. Le Lion imagina une ruse, et feignit d'avoir été blessé. Il interrogea ses sujets sur sa maladie. L'Ours, qui se trouvoit le plus près, saisi par la mauvaise odeur de son souffle, dit au sire que sa gueule sentoit mauvais. Il fut bientôt puni de sa sincérité. Le Singe, intimidé, et cherchant à flatter sa majesté lionne, dit que le prince exhaloit l'odeur de la canelle et du cinnamomum ; mais une mort prompte fut la récompense du menteur.

XII.

LEO REGNANS.

Sinceritas laudanda.

Uᴛɪʟɪᴜs homini nihil est quàm rectè loqui;
Probanda cunctis est quidem sententia;
Sed ad perniciem solet agi sinceritas.

Quum se ferarum regem fecisset Leo,
Et æquitatis vellet famam consequi,
A pristinâ deflexit consuetudine,
Atque inter illas, tenui contentus cibo,
Sancta incorruptâ jura reddebat fide.
[Pax alta raraque vigebat concordia,
Quam dura fregit jejuni regis fames.
Latrante stomacho vique effetâ corporis,
Angi se finxit saucium ægritudine.
Statim adstantes de morbo interrogat feras.
Illi proximus, et adflatus tetro halitu,
Putere fauces ait ursus sincerior:
Odiosæ veritatis brevi pœnas luit.
Timens et adulans contra jactat simius

Alors le prudent Renard pria le Lion de le dis-
penser de dire son avis, parcequ'un très grand
rhume lui bouchoit l'odorat: il se tira d'affaire
par cette adresse.

Avec les grands la vérité et le mensonge sont
également dangereux ; la dissimulation est souvent plus avantageuse.

Et casiam et cinnamum exhalare principem :
Subitâ discerptum est lanienâ mendacium.
Tum cauta Vulpis orat ut suam Leo
Infirmitatem excuset, mucumque et malam
Tenere nares pituitam, quæ sibi
Olfactum impediat. Hàc arte evasit necem.

Nocuere multis veritas et falsitas
Cum principibus, et potior sæpè argutia.]

NOTE SUR LA FABLE XII.

Cette fable est incomplete dans beaucoup d'éditions. Quelques éditeurs ont donné un autre texte que celui qu'on vient de lire. Après ce vers,

Sancta incorrupta jura reddebat fide ,

Rien n'est plus utile qu'un langage vrai: quoique cette maxime soit généralement reconnue, la franchise est quelquefois pernicieuse.

Le Lion s'étant fait roi des animaux, voulut acquérir la réputation de prince équitable: il renonça à ses anciennes habitudes, devint sobre, et rendit la justice avec intégrité.

Le Lion s'ennuya bientôt de cette contrainte, et reprit son caractere. Il fit venir secrètement plusieurs de ses sujets; à dessein de les tromper, il leur demanda s'il sentoit mauvais. Ceux qui disoient la vérité et ceux qui la dissimuloient étoient

ils ont commencé leur addition par celui-ci,

Post quæ lavare ut cœpit pœnitentia ,

Burmann croit que ce vers a été mal-à-propos joint au fragment d'une fable XII, qui se trouve également dans l'édition de Hollande dite du prince Nassau. Il paroît que cette fable a été déchirée. *Mutila hic omnia et lacera* , est-il dit dans les notes sur ce fragment, pag. 108, *sed parva est jactura.*

Au reste voici le texte tel qu'il se trouve dans l'édition de Burmann ; la Haie, 1718.

UTILIUS homini nihil est quàm rectè loqui;
Probanda cunctis est quidem sententia ;
Sed ad perniciem solet agi sinceritas.

Quum se ferarum regem fecisset Leo ,
Et æquitatis vellet famam consequi,
A pristinâ deflexit consuetudine ,
Atque inter illas , tenui contentus cibo,
Sancta incorruptâ jura reddebat fide.
(Post quæ lavare ut cœpit pœnitentia,
Naturam quum mutare non posset suam,
Deducit aliquas in secretum, ut falleret;
Et an fœteret os sibi , quum quæreret,

également mis en pièces. Le Lion satisfit ample-
ment sa voracité : un grand nombre d'animaux
avoient subi le même sort lorsqu'il appela le
Singe, et lui fit la même question Celui-ci répondit que le cinnamome, l'encens qui brûle
en l'honneur des Dieux, exhaloient une odeur
moins suave que son haleine. Sa majesté ne put
souffrir une louange dont elle étoit honteuse;
mais n'osant punir le flatteur sur-le-champ, elle
feignit d'être malade, et manda les médecins.
Ceux-ci, après avoir tâté le pouls, dirent au Lion
qu'il n'y avoit point de maladie à craindre, qu'une
nourriture à laquelle il n'étoit pas accoutumé
lui avoit causé un dégoût que l'usage de mets
plus délicats feroit cesser. « J'ai un grand desir
« de manger de la chair de Singe, dit le sire;
« mais je ne peux manquer à la foi que j'ai don-
« née. » — «Vous avez, comme tous les rois, le
« droit de faire ce qu'il vous plaît, reprirent les
« médecins; et il est juste de nous sacrifier, non
« seulement pour vous sauver la vie, mais même
« pour vous épargner la plus légere douleur ». —
Aussitôt on amena le Singe, qui apprit par sa
mort combien avec les rois il est difficile de
parler ou de se taire.

Quæ dixerant putere, et quæ negaverant,
Laniabat omnes, et satur fit carnibus.
Quum multis faceret hoc, et Simium vocat
Ad se, rogatque an os haberet putidum?
Hic cinnamomo olere dixit suavius,
Et thure flagrant quo Deorum altaria.
Erubuit laudes, nec nocere sustinet
Rex; sed pudore salvo ut læderet, dolos
Quæsivit, et languorem simulans advocat
Medicos, tentatis qui venarum pulsibus
Negant se morbum posse deprehendere:
Sed suadent natum ex insueto fastidium
Cibo, jam suaviore tolleret dape.
Hic ille, nullam sic carnem desidero
Ac Simii, non ante gustatam mihi:
Datam sed fallere prohibet pudor fidem.
Quodcunque, medici, facere, rex, libet tibi,
Licet, respondent, cæteris ut regibus:
Et pro dolore fas est nos mori tuo,
Non vita tantum. Adducitur mox Simius,
Qui, quanta pœna, didicit, ad regem loqui,
Et quàm tacere sit tormentum maximum.

L'inimitable La Fontaine a traité le même sujet; mais combien il l'a embelli! Voyez *la cour du Lion*, livre VIII; fable 7.

XIII.

LES CHEVRES ET LES BOUCS.

*La vertu et non l'habit rend les hommes
égaux.*

L es Chevres avoient obtenu de Jupiter de por-
ter la barbe : les Boucs mécontents se plaignirent
de ce que cette marque de leur dignité étoit
commune avec leurs femmes. « Laissez - les jouir
« d'une vaine gloire, répondit le Dieu ; quoi-
« qu'elles portent l'ornement qui vous distinguoit,
« elles n'auront point la même force que vous. «

Cette fable nous enseigne à souffrir que ceux
qui sont nos inférieurs en mérite nous ressemblent extérieurement.

XIII.

CAPELLAE ET HIRCI.

Pares non habitus, sed virtus facit.

Barbam Capellæ quum impetrassent ab Jove,
Hirci mærentes indignari cœperant
Quòd dignitatem feminæ æquassent suam:
Sinite, inquit, illas gloriâ vanâ frui,
Et usurpare vestri ornatum muneris,
Pares dum non sint vestræ fortitudinis.
Hoc argumentum monet ut sustineas tibi
Habitu esse similes qui sunt virtute impares.

XIV.

LE PILOTE ET LES MATELOTS.

Espérez dans l'adversité, craignez dans la faveur.

Un homme se plaignoit de son mauvais sort : pour l'en consoler Esope imagina cette fable.

Un vaisseau étoit battu par la tempête ; la crainte de la mort répandoit la consternation parmi l'équipage. Tout-à-coup le temps devint serein, et le vaisseau vogua à pleines voiles. Les Matelots se livroient à une joie excessive, quand le Pilote, que le danger avoit instruit, leur dit : « Il faut se réjouir modérément, et se plaindre « sans murmure ; car la vie est mêlée de chagrin « et de plaisir. »

XIV.

GUBERNATOR ET NAUTAE.

In secundis time, in adversis spera.

Quum de fortunis quidam quereretur suis,
Aesopus finxit consolandi gratiâ.

Vexata sævis navis tempestatibus,
Inter vectorum lacrymas, et mortis metum,
Ferri secundis tuta cœpit flatibus,
Nimiâque Nautas hilaritate extollere,
Faciem ad serenam subitò ut mutatur dies.
Factus periclo tum Gubernator sophus :
Parcè gaudere oportet, et sensim queri,
Totam quia vitam miscet dolor et gaudium.

XV.

LES CHIENS DÉPUTÉS A JUPITER.

On manque au respect par trop de timidité.

Lɛs Chiens envoyerent autrefois des ambassadeurs à Jupiter, pour le prier d'adoucir leur condition, et de les délivrer des mauvais traitements des hommes, qui ne leur donnoient que du pain de son, et les obligeoient d'assouvir leur faim avec des immondices. Ces ambassadeurs ne firent pas une grande diligence; ils s'amuserent en chemin à flairer dans les ordures pour y trouver de quoi manger.

Appelés devant Jupiter, ils ne parurent point : Mercure les ayant rencontrés, les amena fort troublés. La majesté du Dieu les saisit d'une si grande frayeur, qu'ils ne purent se retenir, et lâcherent une odeur désagréable. On les chassa du palais à coups de bâton; mais Jupiter ne voulut point qu'on les renvoyât.

Etonnée de ne pas revoir ses plénipotentiaires, et se doutant qu'ils avoient pu commettre quelque sottise, la république des Chiens nomma d'autres ambassadeurs. Mais le bruit public leur ayant

XV.

CANUM LEGATI AD JOVEM.

Nimia verecundia inverecundum facit.

Canes Legatos olim misêre ad Jovem,
Melioris vitæ tempus oratum suæ,
Ut sese eriperet hominum contumeliis,
Furfuribus sibi conspersum quòd panem darent,
Fimoque turpi maximam explerent famem.
Profecti sunt Legati non celeri pede,
Dum naribus scrutantur escam in stercore:
   Citati non respondent. Vix tandem invenit
Eos Mercurius, et turbatos adtrahit.
Tum verò vultum magni ut viderunt Jovis,
Totam timentes concacârunt regiam.
Propulsi verò fustibus, ruunt foras:
Vetat dimitti magnus illos Juppiter.
   Mirati sibi Legatos non revertier,
Turpe æstimantes aliquid commissum a suis,
Post aliquod tempus alios adscribi jubent.
Rumor Legatos superiores prodidit:
Timentes rursus aliquid ne simile accidat,

5.

appris ce qui étoit arrivé, comme ils craignirent
qu'un même accident ne se renouvelât encore, ils
bourrerent de parfums ces seconds députés.

Ils partent, arrivent, demandent audience, et
l'obtiennent aussitôt. Le perc et le maître des
Dieux s'assit sur son trône et agita son tonnerre.
Tout frémit. Les députés effrayés laisserent aller
et le parfum et une odeur contraire. Chacun demanda vengeance d'un tel outrage. Jupiter, avant
de les punir, prononça ces paroles : « Un roi ne
« doit point retenir des ambassadeurs ; mais il faut
« qu'ils subissent la peine qu'ils ont méritée : et
« pour leur apprendre à se contenir, ils souffriront
« la faim. Voilà le jugement que je porte au lieu de
« celui qu'ils demandoient. Pour ceux qui vous ont
« députés, impudents que vous êtes, ajouta-t-il, ils
« resteront exposés aux outrages des hommes ».
Néanmoins on enferma les envoyés dans un ca-
chot d'où ils ne sortiront pas de sitôt. Voilà
pourquoi les Chiens, qui attendent toujours leurs
ambassadeurs, dès qu'ils apperçoivent un autre
Chien, vont lui flairer sous la queue.

Odore Canibus anum, sed multo, replent.
   Abeunt, rogantes aditum, continuò impetrant.
Consedit genitor tum deorum maximus,
Quassatque fulmen: tremere cœpere omnia.
Canes confusi, subitò quòd fuerat fragor,
Repentè odorem mixtum cum merdis cacant.
Reclamant omnes vindicandam injuriam.
Sic est locutus ante pœnam Juppiter :
Legatos non est regis non dimittere,
Nec est difficile pœnas culpæ imponere :
Sed hoc feretis pro judicio præmium.
Non citò dimitti, verùm cruciari fame,
Ne ventrem contir ere non possint suum :
Illi autem qui miserunt hos tam futiles
Numquam carebunt hominis contumeliâ.
Mandantur antro, non dimittuntur statim.
Ita nunc Legatos expectant et posteri;
Novum et venire qui videt, culum olfacit.

XVI.

L'HOMME ET LA COULEUVRE.

*Celui qui fait du bien à un méchant le
rend plus méchant encore.*

ON ne tarde pas à se repentir d'avoir secouru
un méchant.

Un Homme trouva une Couleuvre roide de froid;
il la ramassa, et la réchauffa dans son sein : cette
compassion lui devint funeste; car à peine le reptile fut-il revenu à lui, qu'il tua son bienfaiteur.
Une autre Couleuvre lui demanda la raison de
cette atrocité: C'est, répondit l'homicide, pour
que l'on ne s'habitue point à faire du bien aux
méchants.

XVI.

HOMO ET COLUBRA.

Malo qui benefacit, pejorem facit.

Qui fert malis auxilium, post tempus dolet.

Gelu rigentem quidam Colubram sustulit,
Sinuque fovit, contra se ipse misericors ;
Namque ut refecta est, necuit hominem protinus,
Hanc alia quum rogaret causam facinoris,
Respondit : Ne quis discat prodesse improbis.

XVII.

LE RENARD ET LE DRAGON.

*L'avare est le gardien et non le maître de
son or.*

En travaillant à sa tannicre, un Renard avoit
creusé la terre si profondément, qu'il parvint
jusqu'à la caverne d'un Dragon qui gardoit son
trésor en cet endroit. « Je te prie d'abord, lui dit
« le Renard, d'excuser mon indiscrétion ; ensuite
« si tu fais réflexion au peu de prix que j'attache
« à l'or, réponds avec douceur, et dis-moi quel
« fruit tu retires de tes peines, et quelle récom-
« pense tu esperes pour te priver du sommeil,
« et passer tes jours loin de la lumiere ? » —
« Rien, dit le Dragon ; mais Jupiter très grand m'a
« commis à cet emploi ». — « Tu ne peux donc
« ni te servir de cet or, ni en faire part à qui
« que ce soit ? » — Ainsi le veut le Destin. —
« Ne te fâche pas si je te parle avec franchise :
« certes les Dieux étoient irrités lorsqu'ils ont
« donné le jour à celui qui te ressemble. »

Toi qui bientôt iras rejoindre ceux qui ont vécu,

XVII.

VULPIS ET DRACO.

Avarus auri custos, non dominus.

Vulpis cubile fodiens, dum terram eruit,
Agitque plures altiùs cuniculos,
Pervenit ad Draconis speluncam ultimam,
Custodiebat qui thesauros abditos.
Hunc simul adspexit: Oro ut imprudentiæ
Des primùm veniam; deinde, se pulchrè vides
Quàm non conveniens aurum sit vitæ meæ,
Respondeas clementer. Quem fructum capis
Hoc ex labore? quodve tantum est præmium,
Ut careas somno et ævum in tenebris exigas?
Nullum, inquit ille; verùm hoc a summo mihi
Jove adtributum est. Ergo nec sumis tibi,
Nec ulli donas quidquam? Sic Fatis placet.
Nolo irascaris, liberè si dixero :
Diis est iratis natus qui est similis tibi.
   Abiturus illuc quò priores abierunt,
Quid mente cæcà miserum torques spiritum?
Tibi dico, avare, gaudium, hæredis tui,

par quel étrange aveuglement tourmentes-tu ton
esprit et rends-tu ta vie misérable? Ceci s'adresse
à toi, malheureux avare! qui fais la joyeuse espérance de tes héritiers; qui refuses l'encens aux
Dieux et la nourriture à ton corps; à toi que
rend pâle et chagrin le son harmonieux du luth
ou le doux concert de la flûte; à toi qui gémis de
douleur quand il faut donner le prix des ali-
ments les plus indispensables; à toi qui, par un
intérêt sordide, et pour augmenter ton bien denier à denier, fatigues les Dieux de tes parjures;
qui voudrois épargner jusqu'aux dépenses du
tombeau, dans la crainte que ceux qui sont char-
gés des pompes funebres n'eussent un peu de ton
argent après ta mort.

Qui ture superos, ipse te fraudas cibo,
Qui tristis audis musicum citharæ sonum,
Quem tibiarum macerat jucunditas,
Opsoniorum pretia cui gemitum exprimunt
Qui, dum quadrantes aggeras patrimonio,
Cœlum fatigas sordido perjurio;
Qui circumcidis omnem impensam funeris,
Libitina ne quid de tuo faciat lucrum.

XVIII.

Il est glorieux de perfectionner l'invention
d'autrui.

LES envieux ne se déchaînent point encore contre cet ouvrage: malgré qu'ils dissimulent leur
sentiment, je prévois le jugement qu'ils en por-
teront. Ils feront honneur à Esope de ce qu'ils y
trouveront d'agréable, et ils soutiendront par
telle gageure que l'on voudra que ce qu'il leur
semblera mauvais est de moi. Je leur réponds
d'avance : Que ces fables soient dignes d'éloges
ou de blâme, c'est à la vérité Esope qui les a
inventées; mais par un travail assidu je leur ai donné la perfection. Au reste poursuivons comme
nous avons commencé.

XVIII.

PHAEDRUS.

Inventa perficere non inglorium.

Quid judicare cogitet livor modò,
Licèt dissimulet, pulchrè tamen intelligo.
Quidquid putabit esse dignum memoriæ,
Aesopi dicet: si quid minùs adriserit,
A me contendet fictum quovis pignore.
Quem volo refelli jam nunc responso meo:
Sive hoc ineptum, sive landandum est opus,
Invenit ille, nostra perfecit manus.
Sed exsequamur cœptum propositi ordinem.

XIX.

NAUFRAGE DE SIMONIDE.

On ne peut ôter les véritables richesses.

Un savant a toujours en soi un trésor inépuisable.

Simonide, renommé par ses vers, n'étoit pas favorisé de la fortune. Pour alléger le poids de sa misere, il parcourut les villes célebres de l'Asie, et y chantoit, moyennant une rétribution, les louanges de ceux qui remportoient les prix dans les jeux. Après s'être enrichi par ce moyen, il voulut se rendre par mer à l'isle de Cée, où, dit-on, il étoit né. Le vaisseau sur lequel il s'embarqua, déja fatigué par de nombreux voyages, fut brisé par une tempête horrible. Dans ce péril, les uns prennent leur argent, les autres leurs bijoux les plus précieux, afin de pouvoir satisfaire les besoins de la vie. Un d'entre les passagers, plus curieux qu'il ne devoit l'être en cette circonstance, demanda à Simonide s'il ne sauvoit rien de ses richesses. — J'ai tout avec moi, répondit le poëte. — Cependant la plupart, embarrassés

XIX.

NAUFRAGIUM SIMONIDIS.

Veras divitias eripit nemo.

Homo doctus in se semper divitias habet.

Simonides, qui scripsit egregium melos,
Quò paupertatem sustineret faciliùs,
Circumire cœpit urbes Asiæ nobiles,
Mercede pactà laudem victorum canens.
Hoc genere quæstûs postquam locuples factus est,
Venire in patriam voluit cursu pelagio ;
(Erat autem natus, ut aiunt, in Ceo insulâ
Ascendit navem, quam tempestas horrida,
Simul et vetustas, medio dissolvit mari.
Hi zonas, illi res pretiosas colligunt
Subsidium vitæ. Quidam curiosior:
Simonide, tu ex opibus nil sumis tuis?
Mecum, inquit, mea sunt cuncta. Tunc pauci enatau
Quia plures onere degravati perierunt.
Prædones adsunt, rapiunt quod quisque extuli
Nudos relinquunt. Forte Clazomene propè

des effets qu'ils avoient voulu conserver, s'aby-
merent sous les flots ; et des voleurs dépouille-
rent et laisserent nu le petit nombre qui avoît
échappé à la mort. Ces malheureux se retirerent
à Clazomene qui se trouvoit près de là. Il y avoit
dans cette ancienne ville un homme qui cultivoit
les lettres : il avoit lu les vers de Simonide, et
étoit son admirateur. Quoiqu'il ne l'eût jamais
vu, il reconnut ce savant à sa maniere de s'ex-
primer, et le reçut chez lui avec distinction; il
lui donna de l'argent, des habits, et des esclaves.
Ses compagnons d'infortune cherchoient à exciter
la compassion en portant par les rues un tableau
qui représentoit leur naufrage. Simonide les ayant
rencontrés, leur adressa ces paroles : « N'avois-je
« pas raison de vous dire que je portois tout avec
« moi, puisqu'il ne vous reste plus rien de ce
« que vous avez voulu sauver? »

Antiqua fuit urbs, quam petierunt naufragi.
Hîc litterarum quidam studio deditus,
Simonidis qui sæpè versus legerat,
Eratque absentis admirator maximus,
Sermone ab ipso cognitum cupidissimè
Ad se recepit; veste, nummis, familiâ,
Hominem exornavit. Ceteri tabulam suam
Portant, rogantes victum: quos casu obvius
Simonides ut vidit, Dixi, inquit, mea
Mecum esse cuncta: vos quod rapuistis perît.

X X.

LA MONTAGNE EN TRAVAIL.

Ne promets pas tant, et exécute davantage.

Une montagne, dans les douleurs de l'enfante-
ment, jettoit des cris épouvantables. L'univers
attendoit un grand évènement; mais elle donna le
jour à une souris.

Ceci est écrit pour ceux qui promettent de
grandes choses, et ne font rien.

X X.

MONS PARTURIENS.

Magna ne jactes, sed præstes.

Mons parturibat, gemitus immanes ciens,
Eratque in terris maxima exspectatio :
At ille murem peperit. Hoc scriptum est tibi
Qui, magna quum minaris, extricas nihil.

XXI.

LA FOURMI ET LA MOUCHE.

Le véritable mérite détruit la fausse gloire.

Une Fourmi et une Mouche se disputoient vivement sur leur mérite. L'insecte ailé parla d'abord : « Oses-tu te comparer à moi qui ai de si grands avantages ? La première je prends ma part des victimes que l'on offre aux dieux ; j'établis ma demeure sur les autels et dans les temples ; je me place sur la tête des rois ; je ravis un baiser aux dames les plus chastes ; en un mot je ne travaille point, et je jouis de tous les agréments. Toi qui restes toujours dans les champs, conviens que ta vie n'est pas aussi agréable que la mienne. »

— « Il est honorable, repartit la Fourmi, d'être admis aux banquets sacrés ; mais seulement pour ceux que l'on y invite, et non pour ceux qui y sont mal vus : tu te places sur les autels, mais on te chasse toujours ; tu approches les rois et tu caresses librement les dames ; orgueilleuse ! la décence devroit te forcer au silence. Il est vrai que tu ne travailles point ; mais aussi tu ne trouves rien au besoin. Quand j'amasse soigneusement des

XXI.

FORMICA ET MUSCA.

Vera gloria fictam obscurat.

Formica et Musca contendebant acriter
Quæ pluris esset. Musca sic cœpit prior:
Conferre nostris tu potes te laudibus?
Ubi immolatur, exta prægusto deûm,
Moror inter aras, templa perlustro omnia;
In capite regis sedeo, quum visum est mihi,
Et matronarum casta delibo oscula;
Laboro nihil, atque optimis rebus fruor:
Quid horum simile tibi contingit, rustica?
  Est gloriosus sanè convictus deûm,
Sed illi qui invitatur, non qui invisus est:
Aras frequentas, nempe abigeris quò venis:
Reges commemoras et matronarum oscula,
Superba jactas tegere quod debet pudor:
Nihil laboras, ideo quum opus est nil habes.
Ego granum in hiemem quum studiosè congero,
Te circa murum video pasci stercore:
Aestate me lacessis; quum bruma est, siles:

grains pour la mauvaise saison, je te vois attachée contre les murs, et te nourrir de fange ; tu m'insultes en été, et tu te tais en hiver. Lorsque le froid t'atteint et te fait mourir, je vis dans l'abondance et tranquille dans ma demeure. J'en ai dit assez pour abaisser ta vanité. »

On doit distinguer deux sortes de personnes : celles qui se font valoir par les fausses louanges qu'elles se donnent, et celles qui se font un véritable honneur par leur mérite réel.

Mori contractam quum te cogunt frigora,
Me copiosa recipit incolumem domus.
Satis profectò retudi superbiam.

Fabella talis hominum discernit notas
Eorum qui se falsis ornant laudibus,
Et quorum virtus exhibet solidum decus.

2.

XXII.

SIMONIDE PRÉSERVÉ PAR LES DIEUX.

La divinité récompense ceux qui l'honorent.

J'ai déja fait voir combien les lettres étoient estimées parmi les hommes ; maintenant je vais apprendre à la postérité comment les dieux les ont honorées.

Simonide, dont j'ai parlé précédemment, étoit convenu de prix avec un athlete couronné pour faire des vers à sa louange. La petitesse du sujet n'échauffoit point son génie ; il usa de la licence permise aux poëtes : il célébra les victoires que remporterent dans les jeux les fils jumeaux de Léda, et les cita comme les premiers et les modeles des athletes.

Son poëme fut agréé ; mais on ne lui donna que le tiers du prix. Simonide étonné demanda la somme entiere : « Les deux héros que vous avez loués vous paieront le reste, répondit l'athlete : néanmoins, afin que vous ne soyez pas mécontent, je vous invite à venir souper chez moi : vous augmenterez le nombre des amis que

XXII.

SIMONIDES A DIIS SERVATUS.

Deum colenti stat sua merces.

Qᴜᴀɴᴛᴜᴍ valerent inter homines litteræ,
Dixi superiùs : quantus nunc illis honos
A superis sit tributus, tradam memoriæ.

Simonides, idem ille de quo rettuli,
Victoris laudem cuidam pyctæ ut scriberet
Certo condixit pretio : secretum petit :
Exigua quum frænaret materia impetum ,
Usus poëtæ, ut moris est, licentiâ,
Atque interposuit gemina Ledæ sidera,
Auctoritatem similis referens gloriæ.
Opus adprobavit, sed mercedis tertiam
Accepit partem. Quum reliquam posceret :
Illi, inquit, reddent quorum sunt laudis duæ :
Verùm ne iratè dimissum te sentiam,
Ad cœnam mihi promitte ; cognatos volo
Hodie invitare, quorum es in numero mihi.
Fraudatus quamvis et dolens injuriâ,

j'ai invités aujourd'hui ». Dissimulant son dépit
d'avoir été trompé, et ne voulant point se
brouiller avec cet homme, Simonide promet. Il
arrive à l'heure indiquée, et se met à table. Le
repas étoit magnifique; les convives faisoient re-
tentir la maison de leur joie bruyante, quand
deux hommes jeunes, qui déceloient une origine
plus qu'humaine, quoiqu'ils fussent couverts de
poussiere et de sueur, se présentent, et ordon-
nent à un esclave de dire à Simonide de venir
leur parler, ajoutant qu'il étoit de son intérêt de
ne pas tarder. L'esclave troublé avertit Simonide. Celui-ci fut à peine hors de la salle que le
plafond tomba, et écrasa les convives sous ses
ruines. Les deux messagers avoient disparu.

Quand on sut l'évènement, personne ne douta
que les dieux n'eussent sauvé la vie au poëte qui
avoit célébré leur louange.

Ne malè dimissam gratiam corrumperet,
Promisit; rediit horâ dictâ, recubuit.
Splendebat hilare poculis convivium,
Magno apparatu læta resonabat domus:
Repentè duo quum juvenes, sparsi pulvere,
Sudore multo diffluentes corpora,
Humanam supra formam, cuidam servulo
Mandant ut ad se provocet Simonidem,
Illius interesse ne faciat moram.
Homo perturbatus excitat Simonidem.
Unum promôrat vix pedem triclinio,
Ruina camaræ subitò oppressit ceteros,
Nec ulli juvenes sunt reperti ad januam.
Ut est vulgatus ordo narratæ rei,
Omnes scierunt numinum præsentiam
Vati dedisse vitam mercedis loco.

EPILOGUE.

Un secours donné à propos augmente de prix.

Il y a encore beaucoup de fables que je pourrois traiter ; mais je les abandonne à dessein. Je ne veux pas vous détourner des nombreuses affaires qui vous occupent, et je dois laisser quelque chose à dire à ceux qui voudront courir la même carriere que moi, quoique la matiere soit si abondante qu'elle puisse fournir plus de sujets qu'il n'y aura d'écrivains pour les traiter.

Vous m'avez promis de récompenser ma brièveté, montrez-moi la sincérité de vos paroles. Je sens tous les jours la mort s'approcher de moi : plus vous différerez, moins je profiterai de vos bienfaits ; plutôt vous m'en gratifierez, plus long-temps j'en jouirai. Vous pouvez utilement venir à mon secours, tandis qu'il me reste encore quelques années d'une vie languissante. Vos bontés m'atteindront vainement lorsque, cassé par la vieillesse, la mort viendra m'ordonner de quitter la vie. Généreux comme vous l'êtes à mon égard , mes sollicitations doivent vous paroître

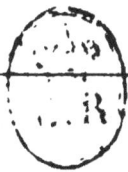

EPILOGUS.

POETA.

Multùm auxiliatur qui citò.

Supersunt mihi quæ scribam, sed parco sciens,
Primùm esse ne tibi videar molestior,
Distringit quem multarum rerum varietas;
Dein, si quis eadem fortè conari velit,
Habere ut possit aliquid operis residui:
Quamvis materiæ tanta abundet copia,
Labori faber ut desit, non fabro labor.
Brevitati nostræ præmium ut reddas peto,
Quod es pollicitus: exhibe vocis fidem;
Nam vita morti propior est quotidie,
Et hoc minùs usu veniet ad me muneris,
Quò plus consumet temporis dilatio.
Si citò rem perages, usus fiet longior:
Fruar diutiùs, si celeriùs cœpero.
Languentis ævi dum sunt aliquæ reliquiæ,
Auxilio locus est: olim senio debilem
Frustra adjuvare bonitas nitetur tua.
Quum jam desierit esse beneficium utile,

déplacées. Si on a souvent absous des criminels par l'aveu même de leur faute, à plus forte raison un innocent doit-il espérer qu'on aura égard à ses prieres. C'est à vous à donner l'exemple : l'on vous imitera; et chacun fera son devoir. Prononcez en cette affaire d'après votre équité, et faites en sorte que j'aie lieu d'être satisfait de votre jugement.

J'ai passé le but que je m'étois prescrit : mais il est difficile de se contenir lorsque, convaincu de son innocence, on se voit attaqué par les méchants. Peut-être me demanderez-vous que je les désigne : ils seront connus avec le temps. Pour moi, tant que je conserverai quelque présence d'esprit, je me rappellerai cette maxime que j'ai lue étant encore enfaut : *Il est dangereux pour un plébéien de se plaindre hautement.*

Et mors vicina flagitabit debitum.
Stultum admovere tibi preces sexcenties,
Proclivis ultro quum sit misericordia.
Sæpè impetravit veniam confessus reus;
Quantò innocenti justiùs debet dari!
Tuæ sunt partes, fuerunt aliorum priùs,
Dein simili gyro venient aliorum vices.
Decerne quod religio, quod patitur fides,
Et gratulari me fac judicio tuo.

Excedit animus quem proposuit terminum;
Sed difficulter continetur spiritus,
Integritatis qui sinceræ conscius
A noxiorum premitur insolentiis.
Qui sint requiris; apparebunt tempore.
Ego, quondam legi quam puer sententiam,
Palàm mutire plebeio periculum est,
Dum sanitas constabit, pulchrè meminero.

FABLES

DE PHEDRE,

AFFRANCHI D'AUGUSTE.

LIVRE CINQUIEME.

~~~~~~~~~~~~~~~~~~~~~~~~~~~~~~~~~~

PROLOGUE.

PHEDRE A PARTICULON.

J'ÉTOIS décidé à ne plus écrire pour laisser à
d'autres la matiere de nouvelles fables ; mais j'ai
condamné moi-même cette résolution. En effet
comment celui qui voudra courir la même carriere pourra-t-il savoir quels sont les sujets 'que
j'ai négligés, afin qu'en les traitant il puisse acquérir de la réputation ? D'ailleurs chaque écrivain a son génie et sa maniere de rehdre ses pen-
sées. Ce n'est donc point par caprice, mais
après y avoir pensé mûrement, que je reprends
la plume. Ainsi, mon cher Particulon, puisque
ce genre te plait, lis le quatrieme livre de ces fables que j'ai imitées d'Esope (car si cet auteur
m'en a indiqué quelques unes, j'en ai inventé un

PHAEDRI,

AUGUSTI LIBERTI,

FABULARUM AESOPICARUM

LIBER QUINTUS.

~~~~~~~~~~~~~~~~~~~~~~~~~~~~~~~~~~

PROLOGUS.

POETA AD PARTICULONEM.

Quum destinassem operis habere terminum,
In hoc, ut aliis esset materiæ satis,
Consilium tacito corde damnavi meum.
Nam si quis talis etiam est tituli artifex,
Quo pacto divinabit quidnam omiserim,
Ut illud ipsum cupiam famæ tradere,
Sua cuique quum sit animi cogitatio,
Colorque proprius? Ergo non levitas mihi,
Sed certa ratio, causam scribendi dedit.
Quare, Particulo, quoniam caperis fabulis
Quas Aesopeas, non Aesopi, nomino,
Quasi paucas ostenderit, ego plures dissero,

plus grand nombre; et en suivant son ancienne
maniere d'écrire, j'ai traité des sujets neufs).

Si des critiques veulent censurer ce quatrieme livre, je le leur permets volontiers,
pourvu qu'ils ne puissent m'imiter. Le plus bel
éloge que tu me donnes, ainsi que ceux qui te
ressemblent, c'est de rapporter quelques unes de
mes fables dans vos écrits, et de me croire digne
d'aller à la postérité. Ces louanges me suffisent,
car je ne recherche point les suffrages des ignorants.

Usus vetusto genere, sed rebus novis.
Quartum libellum dum tu variè perleges,
Hunc obtrectare si volet malignitas,
Imitari dum non possit, obtrectet licet.
Mihi parta laus est, quòd tu, quòd similes tui
Vestras in chartas verba transfertis mea,
Dignumque longâ judicatis memoriâ.
In litterarum ire plausum desidero.

L'AUTEUR.

Sɪ j'ai cité Esope, auquel depuis long-temps j'ai
rendu la justice qui lui est due, ce n'a été que
pour donner plus de prix à mes fables. J'ai imité
en cela certains ouvriers qui imaginent de nou-
veaux moyens pour faire valoir leurs ouvrages,
soit en gravant le nom de Praxitelle sur une nouvelle statue, soit en mettant le nom de Myron sur
les métaux qu'ils façonnent : car l'Envie, qui s'a-
charne après les modernes, respecte ordinairement
ceux qui les ont précédés. La fable suivante en
donnera un exemple.

POETA.

Æsopi nomen sicubi interposuero,
Cui reddidi jampridem quidquid debui,
Auctoritatis esse scito gratiâ ;
Ut quidam artifices nostro faciunt sæculo,
Qui pretium operibus majus inveniunt, novo
Si marmori adscripserunt Praxitelem suo,
Myronem argento. Plus vetustis nam favet
Invidia mordax, quàm bonis præsentibus.
Sed jam ad fabellam talis exempli feror.

NOTE.

Ce préliminaire a été regardé par un grand nombre d'annotateurs comme un hors-d'œuvre qui n'a aucun rapport avec l'histoire de Démétrius. En effet le dessein de Phedre étant de prouver ici que le nom d'un auteur suffit pour accréditer un ouvrage, l'anecdote de Démétrius et de Ménandre ne prouve rien, puisque le gouverneur d'Athenes avoit lu et admiré les comédies de ce poëte sans le connoître :

Quas, ipsum ignorans, legerat Demetrius,
Et admiratus fuerat ingenium viri.

e n'étoit donc pas le nom de Ménandre qui avoit fait trouver bonnes ses comédies ; mais au contraire leur mérite réel qui avoit détruit la mauvaise opinion que Démétrius avoit prise de celui qu'il voyoit vêtu d'une maniere si efféminée.

Praxitelle, fameux sculpteur de l'antiquité, vivoit environ 360 ans avant l'ere vulgaire : il étoit devenu célebre par deux Vénus, dont une sur-tout étoit considérée comme une production si merveilleuse, que l'on venoit de fort loin pour la voir ; on dit même qu'un jeune homme en devint passionné. On rapporte également que Nicomede, roi de Bithynie, offrit aux habitants de Cnide, qui possédoient cette statue, de payer pour eux des sommes considérables qu'ils devoient s'ils vouloient la lui céder ; mais que les Cnidiens refuserent ses offres. Praxitelle avoit fait aussi un Cupidon pour lequel seulement on alloit à Thespie, ville de Béotie, qui par elle-même n'avoit rien qui pût attirer les curieux... *Cupidinem illum qui est Thespiis propter quem Thespiæ visuntur : nam alia visendi causa nulla est* (Cicero *in Verrem*).

Myron, célebre statuaire grec, né à Eleuthere, florissoit, d'après le rapport de Pline, vers l'an 425 avant J.-C. Les Athéniens lui accorderent les droits de citoyen. Parmi ses nombreux ouvrages on remarquoit une génisse d'airain si frappante de vérité que les hommes et les animaux s'y trompoient, et une statue appelée *le Discobole :* c'étoit un homme qui jetoit un palet, et dont le naturel de la pause excitoit l'admiration. Cependant malgré son grand talent cet artiste, qui avoit su donner la vie aux métaux, mourut pauvre... *Myron qui penè hominum animas ferarumque ære comprehenderat, non invenit hæredem.*

8.

FABLE I.

DÉMÉTRIUS ET MÉNANDRE.

Un nom célebre vaut mieux qu'un bel
extérieur.

Démétrius, surnommé de Phalere, s'étoit
injustement emparé du pouvoir dans Athenes:
chacun, selon l'usage et comme à l'envi, faisoit
éclater sa joie de cet évènement. Quel bonheur!
s'écrioit le peuple. Les principaux citoyens pa-
roissoient prendre part à l'alégresse générale,
et baisoient la main qui les opprimoit, tandis
qu'ils gémissoient en secret sur leur infortune.
Ceux même qui vivoient retirés et ne se mêloient
point des affaires publiques, craignant que le
tyran ne leur fît un crime de leur réserve, vinrent les derniers lui rendre un humble hommage.
Parmi eux étoit Ménandre, fameux par ses comédies qu'avoit lues Démétrius, et dans lesquelles
il avoit admiré le génie de l'auteur. Le poëte,
vêtu d'une robe très riche et très ample, et qui
exhaloit au loin l'odeur des parfums dont elle
étoit imprégnée, s'avançoit négligemment. Démétrius l'ayant remarqué : «Comment, dit-il, cet

FABULA I.

DEMETRIUS ET MENANDER.

Melius est nomen bonum unguentis pre-
tiosis.

Dᴇᴍᴇᴛʀɪᴜs, qui dictus est Phalereus,
Athenas occupavit imperio improbo.
Ut mos est vulgi, passim et certatim ruunt,
Feliciter subclamant. Ipsi principes
Illam osculantur, quâ sunt oppressi, manum,
Tacitè gementes tristem fortunæ vicem.
Quin etiam resides et sequentes otium,
Ne defuisse noceat, reptant ultimi:
In queis Menander, nobilis comœdiis,
Quas, ipsum ignorans, legerat Demetrius,
Et admiratus fuerat ingenium viri,
Unguento delibutus, vestitu adfluens,
Veniebat gressu delicato et languido.
Hunc ubi tyrannus vidit extremo agmine:
Quinam cinædus ille in conspectu meo
Audet venire? Responderunt proximi:
Hic est Menander scriptor. Mutatus statim:

« homme efféminé ose - t - il se présenter devant
« moi ? » Quelqu'un ayant observé que c'étoit le
poëte Ménandre, Démétrius changea aussitôt de
sentiments : « La richesse de ses habits, dit-il, ne
« peut faire estimer un homme ; mais ce poëte
« mérite d'être honoré par rapport à la bonté de
« ses ouvrages ».

Cet exemple nous fait connoître qu'un écrivain
n'acquiert de la célébrité que par son talent seul,
et non par sa magnificence.

[Homo, inquit, fieri non potest venustior.
Vatemque et scripta meritis tollit honoribus.

Exemplum scriptor vertat ad prudentiam.
Ingenio, non luxu, paratur claritas.]

NOTE SUR LA FABLE I.

Démétrius de Phalere vivoit du temps d'Alexandre : il avoit été disciple de Théophraste. En l'an 315 avant J. -C. , Cassandre, préfet de Macédoine, et l'un des successeurs d'Alexandre , lui confia le gouvernement d'Athenes, avec un pouvoir absolu.

Imperio improbo ne doit s'entendre ici que parceque Démétrius, simple particulier, avoit réuni en sa personne la puissance souveraine, à laquelle, suivant les lois, tous les citoyens avoient part; il possédoit d'ailleurs les qualités d'un grand homme : il joignoit à beaucoup d'affabilité, de prudence, et de modération, une fermeté qui contint la licence, et mit le bon ordre dans la république. Philosophe et homme de lettres, il protégea les savants, et gouverna avec équité. Le peuple dans son enthousiasme lui érigea trois cent soixante statues d'airain. Néanmoins il fut chassé d'Athenes : il se retira chez Ptolémée Lagus, roi d'Egypte , d'où il fut ensuite exilé par Ptolémée Philadelphe. Démétrius mourut vers l'an 284 de notre ere.

Ménandre, célebre poëte d'Athenes, réforma
la comédie, qui avant lui n'étoit qu'une licence si
effrénée, que les magistrats furent obligés de la
défendre. Cette mesure ayant paru trop sévere,
on rouvrit les théâtres, à condition que les auteurs ne se livreroient point à des déclamations
qui flattoient la malignité naturelle des Athéniens.
Cette réforme donna naissance à la nouvelle comédie, qui surpassa bientôt l'ancienne par le dé-
veloppement des caracteres, l'intérêt de la fable,
et la conduite ingénieuse et naturelle de l'in-
trigue. Ménandre a été le modele le plus excellent
des poëtes de son temps. On lui attribue cent
quatre-vingts pieces de théâtre, toutes remarqua-
bles, disent plusieurs auteurs, par une peinture
vraie et spirituelle des mœurs et des usages de
ses contemporains. Il ne reste que quelques frag-
ments de cette quantité d'ouvrages. Ménandre
étoit très recherché dans sa parure : il vécut honoré de ses concitoyens, et même de plusieurs
monarques. Ce poëte mourut âgé de cinquante-
deux ans, l'an 290 avant J.-C. On prétend qu'il
se noya dans le port de Pirée, en s'amusant à
nager.

II.

LES VOYAGEURS ET LE VOLEUR.

Tel est brave par la langue, qui est poltron
par l'effet.

Deux hommes furent attaqués par un voleur :
l'un s'enfuit aussitôt ; l'autre tint ferme, et par
son courage détourna le péril. Le voleur étant
tué, le poltron accourut l'épée à la main, et jetant
bas son manteau. « Laissez, dit-il, je lui mon-
« trerai qu'il n'est pas sage de nous attaquer ».
Alors celui qui s'étoit défendu lui répondit :
« Si vous m'eussiez adressé ces paroles il y a un
« moment, je les aurois crues vraies, et j'en aurois
« eu encore plus d'ardeur ; mais actuellement
« cessez vos fanfaronades, et remettez votre épée
« dans le fourreau. Tâchez, si vous le pouvez,
« d'en imposer à ceux qui ne vous connoissent
« pas; mais moi qui ai été témoin de la célérité
« de votre fuite, j'ai appris par expérience qu'il
« ne faut point compter sur votre bravoure. »

Ceci peut s'appliquer aux personnes qui mon-
trent de l'assurance lorsqu'elles n'ont rien à craindre, et qui fuient au moindre danger.

II.

VIATORES ET LATRO.

Ventosa lingua, pedes fugaces.

[Duo quum incidissent in Latronem milites,
Unus profugit; alter autem restitit],
Et vindicavit sese forti dexterâ.
Latrone occiso, timidus accurrit comes,
Stringitque gladium; dein rejectâ penulâ:
Cedo, inquit, illum; jam curabo sentiat
Quos attentârit. Tunc qui depugnaverat:
Vellem istis verbis saltem adjuvisses modò,
Constantior fuissem vera existimans:
Nunc conde ferrum, et linguam pariter futilem,
Ut possis alios ignorantes fallere.
Ego, qui sum expertus quantis fugias viribus,
Scio quòd virtuti non sit credendum tuæ.

Illi adsignari debet hæc narratio
Qui re secundâ fortis est, dubiâ fugax.

III.

L'HOMME CHAUVE ET LA MOUCHE.

*On ne doit point pardonner à celui qui fait
le mal à dessein.*

Une Mouche avoit piqué la tête dépouillée d'un
Homme chauve : en voulant l'écraser il se donna un coup avec la paume de la main. L'animal
ailé lui dit en raillant : « Si tu as voulu me punir
« de mort pour une piqûure légere, comment te
« puniras-tu d'avoir ajouté l'affront au mal que tu
« viens de te faire ? » — « Je rentre aisément en
« grace avec moi-même, répliqua le chauve, par-
« ceque mon intention n'étoit pas de me blesser :
« mais toi, vil insecte, qui suces avec plaisir le
« sang humain, je voudrois te donner la mort,
« quand il devroit m'en arriver encore plus de
« mal ».

On pardonne plus aisément à celui qui com-
met une faute par hasard, qu'à celui qui se rend
coupable volontairement : je pense que ce dernier
mérite d'être puni.

III.

CALVUS ET MUSCA.

Sponte peccanti nullus est veniæ locus.

CᴬLVI momordit Musca nudatum caput,
Quam opprimere captans, alapam sibi duxit gravem.
Tunc illa irridens; Punctum volucris parvulæ
Voluisti morte ulcisci; quid facies tibi,
Injuriæ qui addideris contumeliam?
Respondit: Mecum facilè redeo in gratiam,
Quia non fuisse mentem lædendi scio;
Sed te, contempti generis animal improbum,
Quæ delectaris bibere humanum sanguinem,
Optem necare vel majore incommodo.

Hoc argumento veniam tam dari decet,
Qui casu peccat, quàm, qui consilio est nocens,
Illum esse quam vis pœnâ dignum judico.

IV.

L'HOMME ET L'ANE.

Heureux celui que le malheur d'autrui rend
sage.

Un Homme qui avoit immolé un pourceau au
divin Hercule , pour acquitter un vœu qu'il lui
avoit fait dans un danger , fit donner à son Ane
ce qui restoit de l'orge que consommoit le porc.
L'Ane lui dit d'un ton dédaigneux « Je mangerois
« avec plaisir le grain que tu m'offres , si j'igno-
« rois que l'on vient d'égorger celui qui s'en
» nourrissoit.

Frappé de la leçon que renferme cette fable, je
n'ai jamais voulu d'un profit qui pouvoit m'expo-
ser à quelque danger. Mais, dira-t-on, plusieurs se
sont enrichis en prenant le bien d'autrui. Comptons,
je vous prie , combien ont été poursuivis pour
leurs rapines, et vous verrez que le nombre de
ceux qui ont été punis est le plus grand.

La cupidité peut être favorable à quelques uns;
mais elle est pernicieuse au plus grand nombre.

IV.

HOMO ET ASINUS.

Feliciter sapit qui alieno periculo sapit.

Quidam immolasset verrem quum sancto Herculi.
Cui pro salute votum debebat suâ,
Asello jussit reliquias poni hordei:
Quas aspernatus ille, sic locutus est:
Tuum libenter prorsus adpeterem cibum,
Nisi qui nutritus illo est jugulatus foret.

Hujus respectu fabulæ deterritus,
Periculosum semper vitavi lucrum.
Sed dices: Qui rapuere divitias, habent.
Numeremus agedum qui deprensi perierint;
Majorem turbam punitorum reperies.
Paucis aviditas est bono, multis malo.

9.

V.

LE BOUFFON ET LE PAYSAN.

La prévention nuit au jugement.

Les hommes sont sujets à se tromper lorsqu'ils se laissent prévenir en faveur de certaines personnes; et souvent l'évidence les force à se rétracter avec honte.

Certain personnage noble et riche voulant donner des jeux publics, proposa un prix à quiconque auroit quelque nouveauté à représenter devant le peuple. Parmi les Bouffons qui accoururent il y en eut un, connu par ses plaisanteries, qui promit de donner un spectacle que l'on n'avoit point encore vu. Le bruit qui s'en répandit excita la curiosité; et la place vuide auparavant ne put alors contenir la multitude. Ce Bouffon parut sur le théâtre, sans appareil et sans autre acteur avec lui. Chacun attendoit en silence. Alors baissant la tête, et la mettant dans son manteau, il contrefit si bien le cri d'un jeune cochon, que le peuple soutint qu'il en avoit un sous sa

V.

SCURRA ET RUSTICUS.

Præjudicata opinio judicium obruit.

PRAVO favore labi mortales solent,
Et, pro judicio dum stant erroris sui,
Ad pœnitendum rebus manifestis agi.

Facturus ludos quidam dives nobiles,
Proposito cunctos invitavit præmio
Quam quisque posset ut novitatem ostenderet.
Venere artifices laudis ad certamina ;
Quos inter Scurra, notus urbano sale,
Habere dixit se genus spectaculi
Quod in theatro numquam prolatum foret.
Dispersus rumor civitatem concitat :
Paulò antè vacua turbam deficiunt loca.
In scenà verò postquam solus constitit,
Sine apparatu, nullis adjutoribus,
Silentium ipsa fecit exspectatio.
Ille in sinum repentè dimisit caput.

robe : on lui commanda de la secouer ; ce qu'il fit. Comme il ne s'y trouva rien, on le combla d'éloges et d'applaudissements.

Un Paysan qui vit cela se mit à jurer que le Bouffon n'en savoit pas tant que lui, et dit au peuple que le lendemain il imiteroit le cochon beaucoup mieux. On s'assembla en foule. La plupart prévenus en faveur du Bouffon vinrent moins pour juger que pour siffler le Paysan. Les deux acteurs paroissent : le Bouffon fit son rôle ; et le peuple de crier merveille. Sitôt après le Paysan feignant de cacher un cochon sous sa robe (ce qu'il faisoit réellement, et avec d'autant plus d'assurance que la veille il ne s'étoit rien trouvé sous le manteau de l'autre), lui tira l'oreille, et força l'animal par la douleur qu'il lui causoit de faire entendre son cri naturel. Le peuple trouva que le Bouffon avoit bien mieux fait que le Paysan, et demanda que ce dernier fût chassé du théâtre. Mais celui-ci montrant le cochon aux spectateurs, leur dit : « Ce témoin prouve votre erreur grossiere, et fait voir quels juges vous êtes. »

Et sic porcelli vocem est imitatus suâ,
Verum ut subesse pallio contenderent,
Et excuti juberent : quo facto, simul
Nihil est repertum, multis onerant laudibus,
Hominemque plausu prosequuntur maximo.
  Hoc vidit fieri Rusticus : Non mehercule
Me vincet, inquit; et statim professus est
Idem facturum meliùs se postridie.
Fit. turba major : jam favor mentes tenet,
Et derisuri, non spectaturi, sedent.
Uterque prodit : Scurra degrunit prior,
Movetque plausus, et clamores suscitat.
Tunc, simulans sese vestimentis Rusticus
Porcellum obtegere (quod faciebat scilicet,
Sed in priore quia nil compererant, latens),
Pervellit aurem vero quem celaverat,
Et cum dolore vocem naturæ exprimit.
Adclamat populus Scurram multò similiùs
Imitatum, et cogit Rusticum trudi foras.
At ille profert ipsum porcellum e sinu;
Turpemque aperto pignore errorem probans,
En hic declarat quales sitis judices.

VI.

LES DEUX CHAUVES.

Toutes choses ne conviennent point à tous.

Un Chauve trouva par hasard un peigne dans un carrefour; un autre Chauve survint : « Oh! « oh! le profit doit être commun ». Le premier lui montra ce qu'il avoit trouvé : « Les Dieux « vouloient nous être favorables, lui dit-il; mais « notre destin nous a fait trouver des charbons « au lieu d'un trésor. »

La plainte est pardonnable à celui qui est trompé dans ses espérances.

VI.

DUO CALVI.

Non omnia omnibus congruunt.

Invenit Calvus fortè in trivio pectinem :
Accessit alter æquè defectus pilis :
Heia ! inquit, in commune quodcumque est lucri.
Ostendit ille prædam, et adjecit simul :
Superûm voluntas favit, sed fato invido ;
Carbonem, ut aiunt, pro thesauro invenimus.

Quem spes delusit, huic querela convenit.

VII.

UN JOUEUR DE FLUTE NOMMÉ LEPRINCE.

Un sot orgueil sert de risée à tout le monde.

Lorsqu'un esprit vain, ébloui par une réputation imaginaire, pousse la présomption à l'excès, il devient aussitôt l'objet de la risée publique.

Un joueur de flûte nommé Leprince, que le peuple voyoit souvent sur le théâtre de Bathylle, se trouvoit à certains jeux (je ne sais pas lesquels), lorsqu'une machine que l'on faisoit mouvoir avec une grande vîtesse le fit tomber sans qu'il s'en méfiât, et lui cassa la jambe gauche, pour la conservation de laquelle il auroit donné deux de ses flûtes. On le prend, et on le porte chez lui bien affligé. Plusieurs mois se passerent avant qu'il fût guéri; et les spectateurs s'ennuyoient de ne plus voir celui qui savoit si bien animer les danseurs. Un citoyen riche voulant donner des jeux, et sachant que Leprince commençoit à marcher, le décida par priere, et surtout par argent, à se montrer sur le théâtre le

VII.

PRINCEPS TIBICEN.

Stulta superbia ridetur ab omnibus.

Ubi vanus animus, aurâ captus frivolâ,
Arripuit insolentem sibi fiduciam,
Facilè ad derisum stulta levitas ducitur.

Princeps tibicen notior paulò fuit,
Operam Bathyllo solitus in scenâ dare.
Is fortè ludis, non satis memini quibus,
Dum pegma rapitur, concidit casu gravi
Nec opinans, et sinistram fregit tibiam,
Duas quum dextras maluisset perdere.
Inter manus sublatus et multùm gemens
Domum refertur. Aliquot menses transeunt
Ad sanitatem dum venit curatio.
Ut spectatorum mos est et lepidum genus,
Desiderari cœpit, cujus flatibus
Solebat excitari saltantis vigor.
Erat facturus ludos quidam nobiles,
Et incipiebat Princeps ingredier: eum

jour de la représentation. Le musicien s'y rendit.
Un bruit confus court parmi les spectateurs;
les uns disent que Leprince est mort, d'autres
assurent qu'il va paroître. Enfin la toile se leve,
le tonnerre fait entendre ses éclats; les dieux
viennent, selon leur coutume, parler sur la
scene, et le chœur chante un air dont voici le
sens des paroles:

« Rome, réjouis-toi, le prince est en santé ».

Les spectateurs applaudissent : le fluteur croit
qu'ils lui marquent leur joie de le revoir. Les chevaliers, qui avoient d'abord apperçu sa méprise,
demandent, pour s'amuser, que l'on répete l'air.
Notre présomptueux, en témoignage de sa re-
connoissance, se prosterne devant le public : les
chevaliers continuent d'applaudir. Le peuple croit
qu'il demande la couronne scénique; mais dès qu'on
connut son erreur, on résolut de le punir d'avoir
voulu s'attribuer un hommage qui n'étoit dû qu'à
César. Leprince, dont la robe et la chaussure
étoient d'une blancheur éclatante, ainsi que les
bandelettes qui ceignoient sa jambe, fut mis
dehors la tête la premiere.

Adducit pretio, precibus, ut tantummodo
Ipso ludorum ostenderet sese die.
Qui simul advenit, rumor de tibicine
Fremit in theatro : quidam adfirmant mortuum,
Quidam in conspectum proditurum sine morâ.
Aulæo misso, devolutis tonitrubus,
Dii sunt locuti more translatitio.
Chorus tunc et notum reducto canticum
Imposuit, cujus hæc fuit sententia :
Lætare, incolumis Roma, salvo principe.
In plausus consurrectum est : jactat basia
Tibicen; gratulari fautores putat.
Equester ordo stultum errorem intelligit,
Magnoque risu canticum repeti jubet.
Iteratur illud : homo meus se in pulpito
Totum prosternit : plaudit inludens eques;
Rogare populus hunc coronam existimat.
Ut verò cuneis notuit res omnibus,
Princeps, ligato crure niveâ fasciâ,
Niveisque tunicis, niveis etiam calceis,
Superbiens honore divinæ domûs,
Ab universis capite est protrusus foras.

VIII.

EMBLÊME DE L'OCCASION.

Le temps fuit et ne revient plus.

Un homme qui a des cheveux par devant et chauve par derriere; qui est nu; dont la course légere, semblable au vol des oiseaux, feroit croire qu'il pourroit marcher sur le tranchant d'un rasoir; que l'on ne doit pas laisser aller lorsqu'on le tient; que Jupiter lui-même ne rattraperoit pas : cet homme est le symbole de l'occasion qui ne dure qu'un instant.

Telle est la figure qu'ont employée les anciens pour nous représenter la rapidité du Temps, et nous enseigner qu'on ne doit jamais le laisser échapper.

VIII.

OCCASIO DEPICTA.

Fugit irreparabile tempus.

Cursu volucri pendens in novaculâ
Calvus, comosâ fronte, nudo corpore;
Quem si occupâris, teneas; elapsum semel
Non ipse possit Jupiter reprehendere ;
Occasionem rerum significat brevem.

Effectus impediret ne segnis mora,
Finxere antiqui talem effigiem Temporis.

IX.

LE TAUREAU ET LE VEAU.

Gardez-vous d'instruire votre maître.

Un Taureau s'efforçoit à coups de cornes pour entrer dans son étable, dont la porte étoit basse : un Veau lui indiqua de quelle maniere il devoit se plier : « Tais-toi , dit le Taureau, je sais cela avant « que tu fusses né ».

Ceci s'applique à quiconque veut reprendre un plus savant que soi.

IX.

TAURUS ET VITULUS.

Ne sus Minervam.

Angusto in aditu Taurus luctans cornibus
Quum vix intrare posset ad præsepia,
Monstrabat Vitulus quo se pacto plecteret:
Tace, inquit, antè hoc novi quàm tu natus es.

Qui doctiorem emendat, sibi dici putet.

X.

LE CHASSEUR ET LE CHIEN.

Tout se passe avec l'âge.

Un Chien qui avoit long-temps été utile à son maître, en chassant à son gré les bêtes les plus agiles, commençoit à languir sous le poids des années : on le lâcha un jour contre un sanglier ; il le prit par l'oreille ; mais, comme ses dents étoient usées, il quitta prise. Le Chasseur mécontent le gronda. Le Chien lui répondit : « Ce n'est pas le « courage, mais les forces qui me manquent ; tu « me loues de ce que j'ai été, et tu me blâmes de « ce que je suis maintenant. »

Tu sais, mon cher Philétus, à quel dessein j'ai fait cette fable ?

X.

VENATOR ET CANIS.

Omnia fert ætas.

Adversus omnes fortis veloces feras
Canis quum domino semper fecisset satis,
Languere cœpit annis ingravantibus.
Aliquando objectus hispidi puguæ suis,
Adripuit aurem ; sed, cariosis dentibus,
Prædam dimisit. Hic tum Venator dolens
Canem objurgabat. Cui latrans contrà senex :
Non te destituit animus, sed vires meæ ;
Quod fuimus laudas, jam damnas quod non sumus.

Hoc cur, Philete, scripserim, pulchrè vides.

EPILOGUE.

L'AUTEUR A PARTICULON.

On ne finiroit jamais d'écrire.

J'AUROIS encore beaucoup de choses à dire;
car la variété de ces sujets est inépuisable : mais
les jeux de l'esprit doivent être moderés; sans cela
ils déplaisent. O toi, vertueux Particulon, dont
le nom vivra dans mes écrits tant que les lettres
latines seront en honneur, tu donneras ton appro-
bation, sinon à mes inventions, du moins à ma
brièveté, et tu l'estimeras d'autant plus qu'aujour-
d'hui les poëtes sont très ennuyeux.

EPILOGUS.

POETA.

Scribendi nullus finis.

Aᴅʜᴜᴄ supersunt multa quæ possim loqui,
Et copiosa abundat rerum varietas:
Sed temperatæ suaves sunt argutiæ;
Immodicæ offendunt. Quare, vir sanctissime,
Particulo, chartis nomen victurum meis
Latinis dum manebit prætium litteris,
Si non ingenium, certè brevitatem adproba,
Quæ commendari tantò debet justiùs,
Quanto poetæ sunt molesti validiùs.

ADDITIONS

AUX FABLES DE PHEDRE,

Extraite d'un ancien manuscrit,

PAR MARQUARDUS GUDIUS.

~~~~~~~~~~~~~~~

FABLE I.

LE MILAN MALADE.

Le malheur est l'école des sots.

Un Milan malade depuis quelque temps, et qui n'avait plus d'espérance, pria sa mere de visiter les lieux saints, et de faire des vœux pour son rétablissement : « Je le ferai, mon fils, dit-elle ; « mais je crains bien de n'être pas exaucée. En « effet que veux-tu que je demande pour toi qui « as ravagé les temples, souillé les autels, et n'as « respecté aucune offrande ? »

ADDITAMENTA
AD FABULAS PHAEDRI,

A MARQUARDO GUDIO,

e manuscripto veteri desumpta.

~~~~~~~~~~

FABULA I.

MILVUS AEGROTANS.

Malo accepto stultus sapit.

Multos quum menses ægrotasset Milvius,
Nec jam videret esse vitæ spem suæ;
Matrem rogabat, sancta circumiret loca,
Et pro salute vota faceret maxima.
Faciam, inquit, fili; sed opem ne non impetrem
Vehementer vereor; tu, qui delubra omnia
Vastando, cuncta polluisti altaria,
Sacrificiis nullis parcens, nunc quid vis rogem?

II.

LES LIEVRES DÉGOUTÉS DE LA VIE.

C'est être misérable que de vivre dans la crainte.

Celui qui se plaint de son malheur doit considérer autrui pour apprendre à le supporter.

Les lievres effrayés par le grand bruit qu'ils entendoient dans les forêts, voulurent un jour mettre fin à leurs alarmes continuelles : ils allerent vers un étang qui étoit proche, dans le dessein de s'y précipiter. Des grenouilles, épouvantées par leur arrivée, s'enfuirent, et se cacherent dans les roseaux. « Hélas ! dit un des Lievres, puisqu'il « y a d'autres êtres que nous que la crainte des » maux tourmente, supportons la vie comme ils » la supportent. »

II.

LEPORES VITAE PERTAESI.

Qui metuens vivit miser est.

QUI sustinere non potest suum malum,
Alios inspiciat, et discat tolerantiam.

Aliquando in silvis strepitu magno conciti
Lepores clamant, se propter assiduos metus
Finire velle vitam. Sic quondam ad lacum
Venerunt, miseri quo se præcipites darent.
Adventu quorum postquam Ranæ territæ
Virides in algas miserè fugientes ruunt:
Heu, inquit unus, sunt et alii quos timor
Vexat malorum. Ferte vitam, ut cæteri.

III.

LE RENARD CHANGÉ EN FEMME.

La Guenon est toujours Guenon.

LES dignités ne détruisent point la bassesse des inclinations.

Jupiter avoit donné la forme d'une femme à un Renard qui devint l'épouse d'un petit prince. A peine sur le trône, elle vit paroître sur le mur un escarbot ; elle sauta avec promptitude sur cette proie qui lui étoit connue. Les Dieux se prirent à rire. Cette femme fut répudiée. Jupiter la bannit de sa présence, et lui dit : « Vis comme tu le mérites, « puisque tu n'as pu faire un noble usage de mes « bienfaits. »

III.

VULPES IN FOEMINAM MUTATA.

Simia semper est simia.

Naturam turpem nulla fortuna obtegit.

Humanam in speciem quum vertisset Jupiter
Vulpem, regali pellex ut sedit throno,
Scarabeum vidit prorepentem ex angulo;
Notamque ad prædam celeri prosiluit gradu.
Superi risère, magnus erubuit pater,
Repudiatam turpemque pellicem expulit;
His prosequutus : Vive quo digna es modo,
Quæ nostris uti meritis dignè non potes.

IV.

LE LION ET LE MULOT.

Le plus petit cheveu donne son ombre.

CETTE fable nous apprend qu'il faut ménager les petits.

Le Lion dormoit dans une forêt, et des Mulots jouoient auprès de lui. Un d'eux passa sur son corps, et le réveilla. Le Lion saisit aussitôt cet imprudent qui, lui avouant la faute qu'il avoit commise par mégarde, le pria de lui pardonner. Le roi des forêts crut qu'il seroit déshonorant pour lui de se venger; il laissa aller ce malheureux. Quelque temps après le Lion errant la nuit, tomba dans un fosse. Dès qu'il se vit pris au filet, il poussa d'horribles rugissements. Le Mulot vint, attiré par ces cris: «Tu n'as pas sujet de craindre, dit-il au Lion; je te rendrai un service égal au bienfait que j'ai reçu de toi ». Après avoir examiné le filet, il fit tant d'efforts qu'il

IV.

LEO ET MUS.

Etiam capillus unus habet umbram suam.

Nᴇ quis minores lædat, fabula hæc monet.

Leone in silva dormiente, rustici
Luxuriabant Mures, et unus ex iis
Super cubantem casu quodam transiit:
Expergefactus miserum Leo celeri impetu
Arripuit; ille veniam sibi dari rogat,
Crimen fatetur peccatum imprudentiæ.
Hoc rex ulcisci gloriosum non putans,
Ignovit et dimisit. Post paucos dies
Leo dum vagatur noctu, in foveam decidit.
Captum ut se agnovit laqueis, voce maximâ
Rugire cœpit; cujus immanem ad sonum
Mus subitò accurrens : non est quod timeas, ait;
Beneficio magno gratiam reddam parem.
Mox omnes artus, artuum et ligamina
Lustrare cœpit, cognitosque dentibus

parvint avec ses dents à couper les nœuds qui étoient faits avec un grand art, et délivra le Lion, qui s'en retourna dans les forêts.

Nervos rodendo laxat ingenia artuum.
Sic captum Mus Leonem silvis reddidit.

NOTE.

La Fontaine, qui a traité le même sujet, fable 11 du livre II, est bien supérieur à Phedre. On peut en juger par la maniere dont il a imité la sentence presque vague du fabuliste latin, *Ne quis minores lœdat.*

Il faut autant qu'on peut obliger tout le monde ;
On a souvent besoin d'un plus petit que soi.

La générosité du Lion est aussi mieux présentée ; il en tire une leçon indirecte pour les puissants.

Entre les pattes d'un Lion
Un rat sortit de terre assez à l'étourdie.
Le roi des animaux, en cette occasion,
Montra ce qu'il étoit, et lui donna la vie.

Ces deux derniers vers disent beaucoup plus que

Hoc rex ulcisci gloriosum non putans,
Ignovit et dimisit.

V.

L'HOMME ET LES ARBRES.

Le bœuf fournit le fouet dont on le frappe.

Secourir son ennemi, c'est souvent aller à sa perte.

Un Homme demanda aux Arbres un bois dur pour mettre un manche à une hache qu'il avoit faite : ils convinrent tous de lui donner l'olivier sauvage. Cet Homme reçut ce présent avec joie. Lorsque sa hache fut emmanchée, il frappa d'abord les grands chênes, qu'il abattit. Comme il marquoit ceux qu'il se proposoit de couper, on rapporte qu'un Chêne dit à un Frêne : « Nous « méritons de tomber sous les coups que l'on nous « porte. »

FIN.

V.

HOMO ET ARBORES.

Ex ipso bove lora sumuntur.

Pereunt suis auxilium qui dant hostibus.

Facta bipenni quidam ab Arboribus petit
Manubrium ut darent, e ligno ; quod foret
Firmum: jusserunt omnes oleastrum dari.
Accepit munus, aptans et manubrium
Cœpit securi magna excidere robora.
Dumque eligebat quæ vellet, sic fraxino
Dixisse fertur Quercus, Meritò cædimur.

FINIS.

TABLE DES FABLES

CONTENUES DANS CE 2e VOLUME.

LIVRE QUATRIEME.

PRÉFACE.   PAGE 6

FABLE I. La Belette et la Souris,   8

— II. Le Renard et les Raisins,   10

— III. Le Cheval et le Sanglier,   12

— IV. Le Testament expliqué par Esope,   14

— V. Combat des Belettes et des Souris,   20

— VI. L'Auteur aux Censeurs,   22

— VII. La Vipere et la Lime,   28

— VIII. Le Renard et le Bouc,   30

— IX. La Besace,   32

— X. Un Voleur pillant un autel,   34

— XI. Hercule et Plutus,   38

— XII. Le Lion régnant,   40

— XIII. Les Chevres et les Boucs,   48

— XIV. Le Pilote et les Matelots,   50

— XV. Les Chiens députés à Jupiter,   52

— XVI. L'Homme et la Couleuvre,   56

— XVII. Le Renard et le Dragon,   58

LIVRE CINQUIEME.

ADDITIONS AUX FABLES DE PHEDRE.

FIN DE LA TABLE.

TABLE ALPHABÉTIQUE

DES SENTENCES

PLACÉES EN TÊTE DES FABLES DE PHEDRE.

———

FIN DE LA TABLE DES SENTENCES.

Phedre

Fables de Phèdre...

Tome 2

P. Didot l'Aîné

1806

Yc 9824